Christopher Walter

# Innergemeinschaftliche Lieferung 2020

AF820455

Christopher Walter

# Innergemeinschaftliche Lieferung 2020

## Die Verschärfung der Nachweispflichten für die Steuerbefreiung bei innergemeinschaftlichen Lieferungen

Lehrbuchverlag

**Imprint**
Any brand names and product names mentioned in this book are subject to trademark, brand or patent protection and are trademarks or registered trademarks of their respective holders. The use of brand names, product names, common names, trade names, product descriptions etc. even without a particular marking in this work is in no way to be construed to mean that such names may be regarded as unrestricted in respect of trademark and brand protection legislation and could thus be used by anyone.

Cover image: www.ingimage.com

Publisher:
Der Lehrbuchverlag
is a trademark of
International Book Market Service Ltd., member of OmniScriptum Publishing Group
17 Meldrum Street, Beau Bassin 71504, Mauritius

Printed at: see last page
**ISBN: 978-620-0-44581-0**

## Inhaltsverzeichnis

## Abkürzungsverzeichnis

| | |
|---|---|
| EU | Europäische Union |
| bzw | beziehungsweise |
| dh | das heißt |
| MIAS | Mehrwertsteuer-Austausch-Informations-System |
| zB | zum Beispiel |
| UID-Nummer | Umsatzsteueridentifikationsnummer |

## 1. Einleitung

Die folgende Arbeit beschäftigt sich mit der innergemeinschaftlichen Lieferung und den Voraussetzungen für eine echte Umsatzsteuerbefreiung für die Lieferanten. Die innergemeinschaftliche Lieferung betrifft Lieferungen zwischen zwei Ländern der Europäischen Union. Um eine Steuerbefreiung zu gewähren gibt es seit Einführung der innergemeinschaftlichen Lieferung im Jahr 1993, durch die Abschaffung der steuerlichen Grenzkontrollen, diverse Voraussetzungen, wie zB die Unternehmereigenschaft des Lieferanten, Angaben über den Abnehmer und einen Nachweis für die tatsächliche Ausfuhr in das übrige Gemeinschaftsgebiet. Derartige Voraussetzungen sind notwendig, da ansonsten Unternehmer unrichtige Angaben über Lieferungen machen könnten, um von der Steuerbefreiung der innergemeinschaftlichen Lieferung zu profitieren, obwohl es sich nicht um eine innergemeinschaftliche Lieferung handelt. Mit diesen Voraussetzungen möchten die Finanzverwaltungen der Mitgliedstaaten Missbrauchsfällen und Steuerhinterziehungen vorbeugen.

Im Lichte der stetigen digitalen Weiterentwicklung der Unternehmer und auch durch die genauere Determinierung der Voraussetzungen durch die Rechtsprechung des EuGH werden ab dem Jahr 2020 einige Änderungen, auf welche im Besonderen in dieser Arbeit eingegangen wird, gemacht. Diese Reform wurde

beschlossen sowohl um einen reibungslosen Ablauf für die Unternehmer zu garantieren als auch die Möglichkeit eines Missbrauchs zu minimieren.
Im Folgenden wird die aktuelle Rechtslage diskutiert, die kommenden Änderungen erarbeitet und aufgezeigt, wie sich diese auf die innergemeinschaftliche Lieferung auswirken.

## 2. Innergemeinschaftliche Lieferung

### 2.1. Allgemeines über die innergemeinschaftliche Lieferung

Unter der innergemeinschaftlichen Lieferung versteht man eine Ausfuhrlieferung innerhalb des Binnenmarktes der EU. Sie ist in Art 7 UStG[1] geregelt und ist an bestimmte materiellrechtliche Voraussetzungen gebunden. Einerseits muss der Unternehmer den Gegenstand der Lieferung von einem Mitgliedsstaat der EU in einen anderen befördern oder versenden und andererseits müssen der Lieferant und der Abnehmer den Unternehmerbegriff erfüllen. Des Weiteren muss der Erwerb beim Abnehmer im anderen Mitgliedstaat steuerbar sein.[2] Unternehmer ist jede natürliche oder juristische Person, die eine gewerbliche Tätigkeit selbständig und

---

[1] Art 7 UStG 1994 BGBl. Nr. 663/1994 idF BGBl. Nr. 756/1996.

[2] *Hinterleitner/Gepperth* in *Berger/Bürgler/Kanduth-Kristen/Wakounig,* USTG-ON[3.00] Art 7 BMR (Stand 1.5.2018), Rz 7.

nachhaltig ausübt und Leistungen gegen Entgelt erbringt. Die Gewinnabsicht ist dabei nicht erforderlich.[3]

## 2.2. Steuerbefreiung für die innergemeinschaftliche Lieferung

Die innergemeinschaftliche Lieferung ist grundsätzlich steuerfrei sobald die materiellrechtlichen Voraussetzungen, welche abschließend im Art 138 MwStSyst-RL[4] genannt sind, erfüllt sind und der Erwerb beim Abnehmer im anderen Mitgliedsstaat als innergemeinschaftlicher Erwerb steuerbar ist.[5]
Die materiellrechtlichen Voraussetzungen müssen verpflichtend vorliegen, um einen Steuertatbestand darzustellen und somit die Steuerfreiheit anwenden zu dürfen. Im Gegensatz dazu gibt es die formalen Kriterien, welche zur plausiblen Darlegung der materiellrechtlichen Voraussetzungen dienen und um den Steuertatbestand als ganzes besser nachvollziehen zu können. Sie sind jedoch nicht determinierend, ob die Steuerbefreiung anwendbar ist oder nicht, dh es kann auch bei Fehlen von formalen Voraussetzungen[6] nicht die Steuerfreiheit von den Finanzbehörden verweigert werden, solange die

[3] UStR 2000, Rz 181.
[4] Art 138 Richtlinie 2006/112/EG des Rates vom 28. November 2006 über das gemeinsame Mehrwertsteuersystem.
[5] *Hinterleitner/Gepperth* in *Berger/Bürgler/Kanduth-Kristen/Wakounig,* USTG-ON$^{3.00}$ Art 7 BMR (Stand 1.5.2018), Rz 7.
[6] EuGH 6.9.2012, C-273/11, *Mecsek-Gabona.*

materiellrechtlichen Kriterien und der Steuertatbestand tatsächlich erfüllt sind.[7]

Die formalen Voraussetzungen für den Nachweis einer steuerfreien innergemeinschaftlichen Lieferung in Österreich sind vom BMF in der VO 401/1996[8] erlassen worden. Diese Verordnung legt fest, welche Nachweise wie zB Rechnungen, Empfangsbestätigungen oder Beförderungsnachweise vom Unternehmer zu erbringen sind, um die Steuerbefreiung anwenden zu dürfen. Diese Verordnung wurde aufgrund der Rechtsprechung des EuGH[9] in Ermangelung von Bestimmungen in der MwStSyst-RL[10], welche Beweise Steuerpflichtige konkret vorlegen müssen, erlassen. Somit waren laut EuGH die Mitgliedstaaten dafür zuständig, die Bedingungen festzulegen, unter denen innergemeinschaftliche Lieferungen steuerbefreit sind, um eine korrekte und einfache Anwendung der Befreiungen gewährleisten zu können und um Steuerhinterziehung, Steuerumgehung und Missbrauch zu verhindern. Bei der Festlegung der Voraussetzungen müssen die Mitgliedstaaten jedoch ihre Befugnisse im Rahmen der allgemeinen Rechtsgrundsätze ausüben und beachten, wie zB die Grundsätze

---

[7] *Platzer/Schmidthaler*, VWT 2019, 251.

[8] Verordnung des BMF über den Nachweis der Beförderung oder Versendung und den Buchnachweis bei innergemeinschaftlichen Lieferungen BGBl. II Nr. 401/1996 idF BGBl. II Nr. 172/2010.

[9] EuGH 6.9.2012, C-273/11, *Mecsek-Gabona*, Rn 36.

[10] Richtlinie 2006/112/EG des Rates vom 28. November 2006 über das gemeinsame Mehrwertsteuersystem.

der Rechtssicherheit und der Verhältnismäßigkeit.[11] Die innergemeinschaftliche Lieferung ist nicht steuerfrei, wenn der Unternehmer wusste oder wissen hätte müssen, dass die Lieferung im Zusammenhang mit einem Umsatzsteuerbetrug oder einem sonstigem Finanzvergehen steht.[12]

## 2.3. Materiellrechtliche Voraussetzungen für die innergemeinschaftliche Lieferung

### 2.3.1. Unternehmereigenschaft

Für die erste materiellrechtliche Voraussetzung muss der Lieferant den Unternehmerbegriff erfüllen.[13] Unternehmer ist jede natürliche oder juristische Person, welche nachhaltig, selbständig gegen Entgelt Leistungen erbringt und nach außen hin in Erscheinung tritt. Es muss sich hierbei um eine gewerbliche oder berufliche Tätigkeit handeln.[14] Der Abnehmer der Ware muss entweder selbst ein Unternehmer sein, der den Gegenstand für sein Unternehmen erwirbt oder eine juristische Person, die nicht Unternehmer ist oder die den Gegenstand der Lieferung nicht für ihr Unternehmen erworben hat.[15]

---

[11] *Tumpel,* Verschärfung der Voraussetzungen für die Befreiung innergemeinschaftlicher Lieferungen, SWK 2017, 1369.
[12] EuGH 18.12.2014, RS C-131/13, *Schoenimport „Italmoda" Mariano Previti vof.*
[13] UStR 2000, Rz 3981.
[14] UStR 2000, Rz 181.
[15] *Berger/Wakounig* in *Berger/Bürgler/Kanduth-Kristen/Wakounig,* USTG-ON[3.00] § 2 (Stand 1.5.2018), Rz 37.

Ein Gewinnstreben ist für die Unternehmereigenschaft nicht erforderlich, ebenso wenig wie die Teilnahme am allgemeinen wirtschaftlichen Verkehr.[16]
Es kann jede Tätigkeit zur Unternehmereigenschaft führen ohne dass es dabei auf die Art oder den Inhalt der Betätigung ankommt, dh eine wirtschaftliche Tätigkeit kann sowohl ein aktives Tun als auch ein Dulden oder Unterlassen sein, sofern dies nachhaltig, selbständig und gegen Entgelt geschieht.[17]
Unter dem Begriff der Nachhaltigkeit versteht man eine auf Dauer angelegte gewerbliche oder berufliche Tätigkeit zur Erzielung von Einnahmen. Die größten Indizien und Hinweise auf eine nachhaltig angelegte Tätigkeit sind zB mehrjährige oder auf Wiederholung angelegte Tätigkeiten.[18]
Die Tätigkeit muss darüber hinaus auf die Erzielung von Einnahmen gerichtet sein, jedoch keineswegs auf die Erzielung oder die Absicht eines Gewinnes.[19]
Das letzte Kriterium für die Unternehmereigenschaft ist die Selbständigkeit. Diese ist nicht positiv, sondern nur negativ abgegrenzt. Somit zählt alles als nichtselbständig, sobald eine

---

[16] *Berger/Wakounig* in *Berger/Bürgler/Kanduth-Kristen/Wakounig,* USTG-ON$^{3.00}$ § 2 (Stand 1.5.2018), Rz 48.
[17] *Berger/Wakounig* in *Berger/Bürgler/Kanduth-Kristen/Wakounig,* USTG-ON$^{3.00}$ § 2 (Stand 1.5.2018), Rz 49.
[18] *Berger/Wakounig* in *Berger/Bürgler/Kanduth-Kristen/Wakounig,* USTG-ON$^{3.00}$ § 2 (Stand 1.5.2018), Rz 63 ff.
[19] *Berger/Wakounig* in *Berger/Bürgler/Kanduth-Kristen/Wakounig,* USTG-ON$^{3.00}$ § 2 (Stand 1.5.2018), Rz 77.

natürliche oder juristische Person an Weisungen gebunden ist oder sich einem anderen Willen unterordnen muss.[20]

### 2.3.2. Steuerbarkeit des Erwerbes

Eine weiter materiellrechtliche Voraussetzung für die Steuerbefreiung der innergemeinschaftlichen Lieferung ist die Steuerbarkeit des Erwerbes beim Abnehmer in einem anderen Mitgliedstaat. Somit muss der Erwerb im Bestimmungsmitgliedsstaat einer Erwerbssteuer unterliegen. Hierbei ist jedoch nur die Steuerbarkeit und nicht die Steuerpflicht vorausgesetzt, somit kann der Lieferer beispielsweise auch dann steuerfrei liefern, wenn der Erwerb in einem anderen Mitgliedsstaat zwar steuerbar, jedoch nicht steuerpflichtig und somit steuerfrei ist. Der Nachweis für die Steuerbarkeit des Erwerbes in einem anderen Mitgliedstaat hat der Unternehmer durch die UID-Nummer des Abnehmers zu erbringen.[21]

Die Steuerbarkeit des Erwerbes und somit die Frage, ob ein Erwerb steuerbar ist, ist nach den Vorschriften des jeweiligen Mitgliedstaates zu beurteilen, welchem die Besteuerung obliegt.[22]

---

[20] *Berger/Wakounig* in *Berger/Bürgler/Kanduth-Kristen/Wakounig,* USTG-ON$^{3.00}$ § 2 (Stand 1.5.2018), Rz 84 ff.

[21] *Berger/Wakounig* in *Berger/Bürgler/Kanduth-Kristen/Wakounig,* USTG-ON$^{3.00}$ Art 7 BMR (Stand 1.5.2018), Rz 46.

[22] *Ruppe/Achatz,* UStG$^{5}$ (2017), Art 3 Rz 17.

### 2.3.3. Warenbewegung und Beförderungsnachweis

Bei der innergemeinschaftlichen Lieferung muss der gelieferte Gegenstand tatsächlich von einem Mitgliedstaat in das übrige Gemeinschaftsgebiet transportiert oder versendet werden. Es kommt dabei nicht auf die Art der Lieferung oder Versendung an. Somit kann auch durch das Unterzeichnen einer Verbringungserklärung der Abnehmer den Gegenstand selbst abholen. Möglich ist auch eine sogenannte gebrochene Beförderung, bei der der Lieferant und der Abnehmer sich die Lieferung teilen.[23]

Eine gebrochene Lieferung ist unschädlich für die Steuerbefreiung, sofern ein zeitlicher und sachlicher Zusammenhang zwischen der Lieferung und der Beförderung des Gegenstandes besteht und es sich um einen kontinuierlichen Transportvorgang handelt.[24]

Konkrete Beförderungsnachweise, welche für Österreich in der VO 401/1996 vom BMF festgelegt worden sind,[25] sind zB eine originale unterschriebene Empfangsbestätigung des Abnehmers oder eine Verbringungserklärung. Sollten diese mangelhaft sein, so gilt der Nachweis der Lieferung als nicht erbracht.[26]

---

[23] *Pernegger/Doralt,* UStG RL-Kommentar[16] (2019) Art 7 UStR Rz 3982.
[24] VwGH 27.4.2017, Ro 2015/15/0026.
[25] Verordnung des BMF über den Nachweis der Beförderung oder Versendung und den Buchnachweis bei innergemeinschaftlichen Lieferungen BGBl. II Nr. 401/1996 idF BGBl. II Nr. 172/2010.
[26] EuGH 27.9.2007, RS C-409/04, *Teleos plc. ua*, Rn 42.

## 2.4. Formale Voraussetzungen für die Steuerbefreiung

### 2.4.1. Ausweis einer gültigen UID-Nummer

Die UID-Nummer dient dazu, die Unternehmereigenschaft gegenüber den Steuerbehörden darzulegen und nachzuweisen, um zu prüfen ob die materiellrechtliche Voraussetzung der Unternehmereigenschaft erfüllt ist. Sowohl der liefernde Unternehmer als auch der Abnehmer müssen über eine gültige UID-Nummer verfügen. Diese müssen beide auf der Rechnung, auf der auf die Steuerfreiheit hingewiesen werden muss, ausgewiesen sein.[27]

Um die Gültigkeit der UID-Nummer des Geschäftspartners zu überprüfen, besteht für jeden österreichischen Besitzer einer UID-Nummer die Möglichkeit eines Bestätigungsverfahrens. Dieses Bestätigungsverfahren kann vom Unternehmer selbständig über FinanzOnline genutzt werden. Es gibt ein Bestätigungsverfahren der Stufe 1, in welchem lediglich die UID-Nummer des Leistungsempfängers überprüft wird und diese dann bestätigt wird. Darüber hinaus gibt es ein Stufe 2 Verfahren, bei welchem auch der Name und die Anschrift überprüft und bestätigt werden. Das Bestätigungsverfahren ist gesetzlich nicht vorgeschrieben.[28]

---

[27] *Berger/Wakounig* in *Berger/Bürgler/Kanduth-Kristen/Wakounig,* USTG-ON$^{3.00}$ Art 7 BMR (Stand 1.5.2018), Rz 84 ff.

[28] UStR 2000, Rz 4351 ff.

Lange Zeit galt in der herrschenden Auffassung der Finanzverwaltungen die UID-Nummer als materiellrechtliche Voraussetzung[29]. Diese Auffassung wurde jedoch durch mittlerweile ständige Rechtsprechung des EuGH[30] und entsprechender Folgejudikatur des VwGH[31] widerlegt und als bloß formales Kriterium angesehen.[32]

### 2.4.2. Buchnachweis

Die materiellrechtlichen Voraussetzungen der innergemeinschaftlichen Lieferung müssen vom liefernden Unternehmer in einem gesonderten Buchnachweis nachgewiesen werden. Der Lieferant muss also die zum Nachweis der Erfüllung der materiellrechtlichen Voraussetzung nötigen Dokumente in den Büchern oder Aufzeichnungen leicht überprüfbar dokumentiert haben.[33]

Es gibt auch die Möglichkeit in den Aufzeichnungen auf gesonderte Belege, welche die Voraussetzungen nachweisen, hinzuweisen.[34]

Die Aufzeichnungen für den Buchnachweis sind grundsätzlich unmittelbar nach Ausführung des Umsatzes durchzuführen. Es ist jedoch möglich Angaben zu berichtigen oder zu ergänzen (zB bei

---

[29] *Ruppe/Achatz,* UStG[5] (2017), Art 7 Rz 27.
[30] EuGH 27.09.2007, C-146/05, *Albert Collée.*
[31] VwGH 20.12.2012, 2009/15/0146; VwGH 19.12.2013, 2012/15/0006
[32] *Huber/Lacha,* Die EU Quick Fixes – Neuerungen im Mehrwertsteuersystem, VWT 2019, 180.
[33] *Berger/Wakounig* in *Berger/Bürgler/Kanduth-Kristen/Wakounig,* USTG-ON[3.00] Art 7 BMR (Stand 1.5.2018), Rz 53 ff.
[34] UStR 2000, Rz 4007.

fehlender UID-Nummer des Empfängers im Zeitpunkt der Lieferung).[35] Derartige Berichtigungen müssen jedoch vor einer Betriebsprüfung oder Umsatzsteuernachschau gemacht werden. Dem Unternehmer, der einer Umsatzsteuernachschau oder einer Betriebsprüfung unterzogen wird, ist unter Setzung von einer Frist von etwa einem Monat die Möglichkeit zu geben, einzelne fehlende Teile des Buchnachweises nachzureichen.[36] Nach der Rechtsprechung des VwGH ist die Steuerfreiheit auch zu gewähren, wenn der Buchnachweis erst in einem etwaigen Verfahren vor der Steuerbehörde betreffend die Steuerfreiheit nachgebracht wird.[37]

### 2.4.3. Sorgfalt eines ordentlichen Kaufmannes und Vertrauensschutz

Mit der Vertrauensschutzregelung wird dem Unternehmer die Steuerfreiheit einer innergemeinschaftlichen Lieferung trotz fehlender formeller Voraussetzungen belassen, sofern er die Sorgfalt eines ordentlichen Kaufmannes beachtet hat.[38] Um dieser Sorgfalt nachzukommen, muss sich der Unternehmer über seinen Abnehmer informieren, sich die Identität und sich auch die UID-

---

[35] UStR 2000, Rz 4008.
[36] UStR 2000, Rz 4008.
[37] VwGH 2.9.2009, 2005/15/0031
[38] *Pernegger/Doralt,* UStG RL-Kommentar[16] Art 7 Rz 3982.

Nummer mit einem geeigneten Mittel nachweisen lassen.[39] Im Zweifel ist für die UID-Nummer ein Bestätigungsverfahren in Anspruch zu nehmen. Sollte die anzuwendende Sorgfalt vom Unternehmer an den Tag gelegt worden sein, so greift die Regelung des Vertrauensschutzes und die innergemeinschaftliche Lieferung bleibt trotz etwaigen Mängeln steuerfrei.[40]

Die Nichtverwendung des Bestätigungsverfahrens kann den Vertrauensschutz beeinträchtigen, muss es jedoch nicht, sofern die Bestätigung nichts am Sachverhalt geändert hätte.[41]

## 2.5. Mehrwertsteuer-Austausch-Informations-System (MIAS) und Zusammenfassende Meldung

Seit dem Jahr 1993 (in Österreich gültig ab 1995) gibt es innerhalb der EU keine steuerlichen Grenzkontrollen mehr. Diese wurden ersetzt durch ein übergreifendes EDV-gestütztes Informationssystem über innergemeinschaftliche Warenlieferungen und Warenbewegungen.[42] Dieses System ist allgemein als MIAS bekannt und wurde im Jahr 2010 durch eine EU-Verordnung des Rates eingeführt. Diese Meldung im MIAS stellt jedoch bislang lediglich eine formale Voraussetzung für die Steuerbefreiung einer innergemeinschaftlichen Lieferung dar, bei

[39] *Pernegger/Doralt,* UStG RL-Kommentar[16] Art 7 Rz 3982.
[40] *Pernegger/Doralt,* UStG RL-Kommentar[16] Art 7 Rz 3982.
[41] VwGH 21.11.2017, Ra 2017/16/0037.
[42] UStR 2000, Rz 4151.

deren Fehlen lediglich Strafen und Sanktionen verhängt werden können, nicht jedoch die Steuerbefreiung als solche verweigert werden darf.[43]

Die im MIAS enthaltenen Informationen basieren auf den sogenannten Zusammenfassenden Meldungen. In der Zusammenfassenden Meldung muss jeder Lieferant sowohl die UID-Nummer als auch die Bemessungsgrundlage der Lieferung für den jeweiligen Erwerber angeben. Der Unternehmer hat jede von ihm im Anmeldezeitraum (je nach Voranmeldezeitraum monatlich oder vierteljährlich) erbrachte innergemeinschaftliche Lieferung in der Zusammenfassenden Meldung zu melden.[44] Dies hat den Zweck, den Finanzbehörden die Möglichkeit zu geben, die Besteuerung der innergemeinschaftlichen Erwerbe im Bestimmungsland zu kontrollieren, da jeder innergemeinschaftlichen Lieferung ein innergemeinschaftlicher Erwerb im Bestimmungsland gegenüberstehen muss.[45]

Die Zusammenfassende Meldung hat elektronisch im Verfahren FinanzOnline zu erfolgen, sofern die elektronische Übermittlung dem Unternehmer nicht mangels technischer Voraussetzungen unzumutbar ist.[46]

---

[43] VO (EU) Nr. 904/210 des Rates vom 7. Oktober 2010 über die Zusammenarbeit der Verwaltungsbehörden und die Betrugsbekämpfung auf dem Gebiet der Mehrwertsteuer.

[44] Art 21 UStG 1994 BGBl. Nr. 663/1994 idF BGBl. I Nr. 112/2012.

[45] UStR 2000, Rz 4151.

[46] § 1f FOnErklV BGBl. II Nr. 512/2006 idF BGBl. II Nr. 83/2018.

Für Anmeldezeiträume, in denen keine innergemeinschaftlichen Lieferungen stattgefunden haben, sind keine Meldungen abzugeben.[47]

## 2.6. Steuerbetrug bei innergemeinschaftlichen Lieferungen

Da die Umsatzsteuer von größter Bedeutung für die Staatsfinanzierung ist und diese einer der größten Teile des Steueraufkommens des Staates darstellt, ist es wichtig und von Interesse für den Staat, etwaige Steuerhinterziehungen und Steuerbetrüge zu verringern und so gut wie möglich zu vermeiden.[48]

Durch die Schaffung des EU-Binnenmarktes ist ein grenzüberschreitender Umsatzsteuerbetrug durch sogenannte Karussellgeschäfte scheinbar unausweichlicher Bestandteil des Wirtschaftslebens geworden.[49]

Da die Umsatzsteuer dem Bestimmungslandprinzip folgt soll sie nur im Land des Verbrauches anfallen, weshalb es die Steuerbefreiung der innergemeinschaftlichen Lieferung für Lieferungen zwischen Unternehmen unterschiedlicher Mitgliedstaaten gibt.[50] Beim Bestimmungslandprinzip erhält das

---

[47] UStR 2000, Rz 4155.

[48] *Loy,* Umsatzsteuerbetrug im innergemeinschaftlichen Erwerb: Konzept eines Blockchain-basierten Lösungsansatzes DStR 2018, 1097.

[49] *Loy,* Umsatzsteuerbetrug im innergemeinschaftlichen Erwerb, DStR 2018, 1097.

[50] *Neugebauer*, Wirkungen reduzierter Mehrwertsteuersätze auf nationale Steuerstrukturen im europäischen Kontext unter Berücksichtigung der Abgrenzungs- und Erhebungsproblematik, 2010, 167 f.

Land, in dem die Ware zum Verbrauch bestimmt, ist die Steuereinnahme. Die exportierte Ware gelangt vorerst unversteuert und unbelastet über die Grenze und wird dann im Bestimmungsland von der Erwerbssteuer erfasst. Dadurch werden ausländische Warenlieferungen wie inländische Warenlieferungen behandelt und unterliegen der gleichen Steuerbelastung.[51]

Der Karussellbetrug für die Umsatzsteuer folgt dem folgenden Muster:

Vorerst liefert ein Unternehmer Waren umsatzsteuerfrei, wegen der Steuerbefreiung der innergemeinschaftlichen Lieferung, an einen Unternehmer in einem anderen Mitgliedsstaat. Werden diese Waren weiterveräußert, so wird der ursprüngliche Leistungsempfänger zum Schuldner der Umsatzsteuer von der Weiterveräußerung. Bei dem neuen Empfänger, an welchen die Waren im selben Mitgliedstaat weiterveräußert wurden, entsteht in der Höhe der Umsatzsteuerschuld ein Vorsteueranspruch.[52]

Falls sich nun der ursprüngliche Leistungsempfänger seiner Zahlungsverpflichtung für die Umsatzsteuerschuld entzieht (sogenannter „Missing Trader") wird der Staat um diese Steuer geschädigt.[53] Da derartige missbräuchliche Lieferketten oft wieder im Ausgangsstaat enden, hat sich der Begriff des

---

[51] *Berger/Wakounig* in *Berger/Bürgler/Kanduth-Kristen/Wakounig,* USTG-ON[3.00] Einführung in den Binnenmarkt BMR.

[52] *Loy,* Umsatzsteuerbetrug im innergemeinschaftlichen Erwerb, DStR 2018, 1097.

[53] *Füllsack,* Klarstellung des EuGH zum Vorsteuerabzug bei Umsatzsteuerkarussellen Anmerkung zum Urteil vom 12. 1. 2006, DStR 2006, 456.

Karussellgeschäfts oder des Karussellbetrugs etabliert. Die Ausgestaltung eines solchen Betrugs ist vom Einzelfall abhängig. Teilweise erfolgt gar keine Lieferung und Zahlung und es wird nur mit falschen Dokumenten der Vorsteuerabzug erwirkt.[54]
Die Leistungsempfänger hierbei sind meist Strohmänner, Scheinunternehmen oder auch unbeteiligte Unternehmen. Es ist den Finanzbehörden zwar möglich den Leistungsempfängern den Vorsteuerabzug zu verweigern, wenn dieser wusste oder wissen hätte müssen, dass es sich um einen Umsatzsteuerbetrug handelt. Ein solcher Nachweis ist aber in der Regel schwer zu erbringen. Karussellbetrug stellt einen großen Teil des Steuerbetrugs dar und derartige Konstellationen gilt es zu vermeiden.[55]

## 3. Innergemeinschaftlicher Erwerb

### 3.1. Allgemeines über den innergemeinschaftlichen Erwerb

Von einem innergemeinschaftlichen Erwerb spricht man, wenn ein Gegenstand bei einer Lieferung von einem Mitgliedsstaat der EU in ein anderes Mitgliedsland verbracht, versendet oder geliefert wird. Der Erwerber muss ein Unternehmer sein und den Gegenstand für sein Unternehmen erwerben, oder eine nichtunternehmerische juristische Person sein.[56] Des Weiteren

---

[54] *Loy,* Umsatzsteuerbetrug im innergemeinschaftlichen Erwerb, DStR 2018, 1097.
[55] *Loy,* Umsatzsteuerbetrug im innergemeinschaftlichen Erwerb, DStR 2018, 1097.
[56] *Doralt/Ruppe*, Grundriss Steuerrecht II$^{7}$ (2014) Rz 316.

muss die Lieferung durch einen Unternehmer[57] gegen Entgelt im Rahmen seines Unternehmens ausgeführt werden.[58]
Dem innergemeinschaftlichen Erwerb gleichgestellt ist das Verbringen eines Gegenstands aus dem übrigen Gemeinschaftsgebiet in das Inland zur Verfügung des Unternehmers, sofern es sich um eine nicht bloß vorübergehende Verwendung handelt.[59]

## 3.2. Steuer für den innergemeinschaftlichen Erwerb

Grundsätzlich schuldet der Steuerpflichtige, welcher Gegenstände steuerpflichtig liefert oder eine steuerpflichtige Dienstleistung erbringt, die Umsatzsteuer. Werden jedoch die Leistungen von nicht im Inland ansässigen Unternehmern erbracht, so können die Mitgliedstaaten festlegen, dass die Steuerschuld auf den inländischen Leistungsempfänger übergeht und somit dieser die Umsatzsteuer schuldet. Beim innergemeinschaftlichen Erwerb ist genau dieser Übergang der Steuerschuld gegeben.[60]
Ein innergemeinschaftlicher Erwerb unterliegt beim Empfänger der Waren der Erwerbssteuer. Somit hat der Unternehmer, bei dem die Ware sich am Ende der Beförderung oder Versendung befindet, einen innergemeinschaftlichen Erwerb zu versteuern.

[57] zum Unternehmerbegriff siehe oben Punkt 2.3.1.
[58] *Doralt/Ruppe*, Grundriss Steuerrecht II$^7$ (2014) Rz 316.
[59] *Doralt/Ruppe*, Grundriss Steuerrecht II$^7$ (2014) Rz 320.
[60] *Hinterleitner/Berger* in *Berger/Bürgler/Kanduth-Kristen/Wakounig*, USTG-ON$^{3.00}$ Art 19 BMR (Stand 1.5.2018), Rz 1.

Diese Steuerschuld entsteht grundsätzlich mit der Ausstellung der Rechnung, spätestens aber mit Ablauf des auf den innergemeinschaftlichen Erwerb folgenden Monats. Die Erwerbssteuer kann sich der Unternehmer als Vorsteuer bei der Umsatzsteuervoranmeldung abziehen. Somit liegt faktisch keine Umsatzsteuerbelastung für den Erwerber vor.[61]

### 3.3. Prinzip der Wechselwirkung der Steuerfreiheit

Eine der materiellrechtlichen Voraussetzungen für die innergemeinschaftliche Lieferung ist, wie oben schon genannt, die Steuerbarkeit des Erwerbs beim Abnehmer im anderen Mitgliedstaat als innergemeinschaftlicher Erwerb. Mit dieser Voraussetzung wird die konsequente Verbindung zwischen der Behandlung im Importsaat und im Exportstaat hergestellt.[62]

Die Steuerfreiheit der innergemeinschaftlichen Lieferung kann seitens des Lieferanten deshalb nur in Anspruch genommen werden, wenn der Abnehmer der Lieferung im Bestimmungsmitgliedstaat die Lieferung als steuerbarer innergemeinschaftlicher Erwerb behandelt. Somit können die innergemeinschaftliche Lieferung im Ausgangsmitgliedstaat und der innergemeinschaftliche Erwerb in einem anderen Bestimmungsmitgliedstaat als korrespondierende Tatbestände angesehen werden, welche der Verwirklichung der Besteuerung

---

[61] Innergemeinschaftlicher Erwerb, UStaktuell 2016 H 141, 3.

[62] *Doralt/Ruppe*, Grundriss Steuerrecht II$^7$ (2014) Rz 360.

des innergemeinschaftlichen Warenverkehrs zwischen Unternehmern unterschiedlicher europäischer Länder dient.[63] Wenn somit im Importstaat ein innergemeinschaftlicher Erwerb zu besteuern ist, so ist die dazugehörige innergemeinschaftliche Lieferung im Exportstaat steuerfrei. Die ist bekannt als das Prinzip der Wechselwirkung zwischen Steuerbarkeit des innergemeinschaftlichen Erwerbs und der Steuerfreiheit der innergemeinschaftlichen Lieferung. Diese Steuerfreiheit im Exportstaat verfolgt den Zweck eine gleiche Steuerbelastung im Importstaat wie für rein inländische Waren zu schaffen, um somit den Preis für importierte Waren nicht zu erhöhen.[64]

## 4. Veränderung der Voraussetzungen für die innergemeinschaftliche Lieferung

### 4.1. Richtlinienvorschlag der Kommission und Änderung der MwStSyst-RL

Die EU-Kommission hat einen Vorschlag für eine Richtlinie[65] zur Änderung der aktuellen Richtlinie 2006/112/EG[66] in Bezug auf die Harmonisierung und Vereinfachung gewisser Regelungen des

[63] *Hinterleitner/Gepperth* in *Berger/Bürgler/Kanduth-Kristen/Wakounig,* USTG-ON$^{3.00}$ Art 7 BMR (Stand 1.5.2018), Rz 2 f.
[64] *Doralt/Ruppe*, Grundriss Steuerrecht II$^{7}$ (2014) Rz 360.
[65] Richtline des Rates zur Änderung der Richtlinie 2006/112/EG in Bezug auf die Harmonisierung und Vereinfachung des Mehrwertsteuersystems, COM(2017) 569 final.
[66] Richtlinie 2006/112/EG des Rates vom 28. November 2006 über das gemeinsame Mehrwertsteuersystem.

Mehrwertsteuersystems betreffend den Handel zwischen den Mitgliedstaaten am 4.10.2017 eingebracht. In diesem Vorschlag wurde auch die innergemeinschaftliche Lieferung genannt und einige Änderungen vorgeschlagen. Hierbei handelt es sich um Änderungen betreffend eine Mehrwertsteuerregistrierung des Erwerbers, die UID-Nummer, die Zusammenfassende Meldung und die Nachweispflichten.[67] Anhand dieses Vorschlages wurden am 4.12.2018[68] vom ECOFIN-Rat zahlreiche Mehrwertsteuer-Regelungen beschlossen, unter anderem auch die sogenannten „Quick fixes", welche Regelungen bezüglich der innergemeinschaftlichen Lieferung betreffen. Die Änderungen für die innergemeinschaftliche Lieferung beziehen sich in der aktuellen MwStSyst-RL[69] auf den Art 138. Darüber hinaus wird die Durchführungsverordnung 282/2011[70] um einen Art 45a ergänzt, in welchem die Nachweispflichten geregelt werden. Diese „Quick fixes" sind von den Mitgliedstaaten bis spätestens 31.12.2019 umzusetzen und somit ab 1.1.2020 anzuwenden, der neue Art 45a ist jedoch aufgrund des Verordnungscharakters unmittelbar anwendbar.[71]

---

[67] *Melhardt*, EU:Richtlinien Vorschlag der Kommission zur Vereinfachung bestimmter Regelungen des MWSt-Systems, ÖStZ 2018/139, 76.

[68] VAT Committee: taxud.c.1(2019)3533969 vom 15. Mai 2019.

[69] Richtlinie 2006/112/EG des Rates vom 28. November 2006 über das gemeinsame Mehrwertsteuersystem.

[70] DVO Nr. 282/2011 des Rates vom 15. März 2011 zur Festlegung von Durchführungsvorschriften zur Richtlinie 2006/112/EG über das gemeinsame Mehrwertsteuersystem.

[71] *Melhardt*, EU: ECOFIN-Rat beschließt zahlreiche MWSt-Regelungen, ÖStZ 2018/784, 624.

## 4.2. Die spezifischen Änderungen für die innergemeinschaftliche Lieferung

### 4.2.1. Registrierung des Erwerbers für Mehrwertsteuerzwecke und verpflichtende UID-Nummer

Die erste spürbare Änderung für die innergemeinschaftliche Lieferung besteht in einer Verpflichtung für den Erwerber, sich in einem anderen Mitgliedstaat als dem Mitgliedstaat, in welchem die Beförderung oder Versendung der Waren beginnt, sich für Mehrwertsteuerzwecke registrieren zu lassen. Diese Verpflichtung bestand zwar bereits jetzt, wird jedoch von einer formalen Voraussetzung zu einer materiellrechtlichen Voraussetzung. Aus dieser Registrierung folgt dann die Zuteilung einer UID- Nummer, welche der Erwerber zukünftig verpflichtend dem Lieferanten mitteilen muss. Daher muss der Lieferant nun als materiellrechtliche Voraussetzung bereits zum Zeitpunkt der Lieferung über die UID-Nummer des Erwerbers verfügen.[72] Diese Änderung findet sich in der MwStSyst-RL im neuen Absatz 1a des Art 138.[73]

Bis jetzt waren die materiellrechtlichen Voraussetzungen abschließend in Art 138 Absatz 1 MwStSyst-RL genannt. Nun kommen eben hierbei neue materiellrechtliche Voraussetzungen durch den neuen Absatz 1a hinzu. In diesem Absatz 1a sind nun

[72] *Tumpel,* SWK 2017, 1369.
[73] *Melhardt,* ÖStZ 2018/784, 624.

ausdrücklich auch die UID-Nummer des Erwerbers und die verpflichtende Registrierung für Mehrwertsteuerzwecke genannt. Die UID-Nummer war bisher laut ständiger EuGH[74] Rechtsprechung und entsprechender Folgejudikatur des VwGH[75] lediglich ein rein formales Kriterium, bei dessen Fehlen die Steuerbefreiung nicht verweigert werden konnte, sofern die materiellrechtlichen Voraussetzungen erfüllt waren.[76] Die Steuerbefreiung konnte nur versagt werden, wenn bewiesen werden konnte, dass der Verkäufer wusste oder wissen hätte müssen, dass der Umsatz mit einem Steuerbetrug des Erwerbers in Verbindung steht und er nicht alle ihm zur Verfügung stehende Maßnahmen getroffen hat, um seine Beteiligung am diesem Betrug zu verhindern.[77]

Die UID-Nummer wird, wie die Verpflichtung der Registrierung für Mehrwertsteuerzwecke, somit von einer lediglich formellen Voraussetzung für die Steuerbefreiung wie bisher hin zu einer materiellrechtlichen Voraussetzung aufgewertet.[78]

Unverändert bleibt die Tatsache, dass der Lieferer die Gültigkeit der UID-Nummer des Erwerbers in einem Bestätigungsverfahren über das MIAS-System überprüfen muss, bevor er die Steuerbefreiung anwendet. Dies gibt für den Lieferanten in der

[74] EuGH 27.09.2007, C-146/05, *Albert Collée.*
[75] VwGH 20.12.2012, 2009/15/0146; VwGH 19.12.2013, 2012/15/0006
[76] EuGH 20.10.2016, C-24/15, *Josef Plöckl;* EuGH 9.2.2017, C-21/17, *Euro Tyre Holding BV;* EuGH 19.4.2018, C-580/16, *Hans Bühler KG.*
[77] EuGH 14.06.2017, C-26/16, *Santogal,* Rn 77.
[78] *Tumpel,* SWK 2017, 1369.

Praxis kein neues Bild, jedoch können nun die Behörden der Mitgliedstaaten auf dieser Grundlage die Steuerbefreiung versagen, falls der Erwerber nicht identifiziert werden kann. Somit fällt die Möglichkeit des Freibeweisens für die Lieferanten in Zukunft weg.[79]

### 4.2.2. Verpflichtende Zusammenfassende Meldung

War die Zusammenfassende Meldung bisher in keiner Richtlinie oder Verordnung als Voraussetzung für die innergemeinschaftliche Lieferung genannt, so wird sie in der neuen Richtlinie ein integraler und verpflichtender Bestandteil für die Steuerbefreiung einer innergemeinschaftlichen Lieferung. Dies findet sich in der MwStSyst-RL im neuen Absatz 1a des Art 138.[80] Die Zusammenfassende Meldung wird also, wie die UID-Nummer des Erwerbers, von einer bisher formellen Voraussetzung für die Steuerbefreiung einer innergemeinschaftlichen Lieferung hin zu einer materiellrechtlichen Voraussetzung aufgewertet.[81]

Bis jetzt konnte die Steuerbefreiung, wie oben genannt, nur bei Nichterfüllung der materiellrechtlichen Voraussetzungen entfallen. Somit war der Steuerpflichtige nicht gehalten, die

---

[79] *Tumpel,* SWK 2017, 1369.
[80] *Melhardt,* ÖStZ 2018/784, 624.
[81] *Tumpel,* SWK 2017, 1369.

formalen Voraussetzungen zu erfüllen, um das Informationsaustauschsystem MIAS aufrechtzuerhalten und hatte die Möglichkeit, sich bei Fehlern frei zu beweisen. Durch diese Änderung sind die Lieferanten nun verpflichtet, die Informationen im Informationsaustauschsystem MIAS einzugeben und dieses vollständig und auf aktuellem Stand zu halten.[82]

Die Zusammenfassende Meldung als materiellrechtliche Voraussetzung für die Steuerbefreiung bei innergemeinschaftlichen Lieferungen soll zukünftig für mehr Transparenz zwischen den einzelnen Mitgliedstaaten sorgen, indem die Daten aus dem MIAS verlässlicher und rascher verwertbar sind.[83] Daraus resultiert, dass zukünftig das MIAS wesentlich detailliertere Informationen beinhaltet und somit zu einem Schlüsselelement für die Kontrolle eines innergemeinschaftlichen Erwerbes und somit für die Betrugsbekämpfung wird.[84]

Durch diese Änderung der in Art 262 MwStSyst-RL genannten Zusammenfassenden Meldung zu einer materiellrechtlichen Voraussetzung für die Steuerbefreiung können die Steuerbehörden die Befreiung ablehnen, falls die Unternehmer ihrer Verpflichtung zur Abgabe der Zusammenfassenden Meldung gem Art 262 und Art 263 MwStSyst-RL nicht

[82] *Tumpel,* SWK 2017, 1369.
[83] *Huber/Lacha,* VWT 2019, 180.
[84] *Tumpel,* SWK 2017, 1369.

nachgekommen sind oder die Zusammenfassende Meldung nicht die gem Art 264 MwStSyst-RL erforderlichen korrekten Angaben enthält. Es sei denn der Lieferer kann sein Versäumnis zur Zufriedenheit der zuständigen Behörde ordnungsgemäß begründen.[85]. Diese Formulierung hierbei ist jedoch äußerst bedenklich und kritisch zu betrachten, da zukünftig somit die Anerkennung von alternativen Nachweisen davon abhängig ist, ob diese Art der Nachweisführung die zuständige Behörde zufriedenstellt, was der Behörde ein erhebliches Maß an Ermessen einräumt, da nicht klar und deutlich dargestellt ist, was zur Zufriedenheit der Behörde tatsächlich bedeutet..[86]

Kritisch zu betrachten ist auch die Tatsache, dass eine Eintragung in der Zusammenfassenden Meldung erst nach dem tatsächlichen Stattfinden einer Lieferung geschieht. Deshalb erscheint es fragwürdig, inwieweit eine korrekte Eintragung in der Zusammenfassenden Meldung als materiellrechtliche Voraussetzung tatsächlich geeignet ist.[87]

Weiters muss die Lieferung auch schon vor Abgabe der Zusammenfassenden Meldung als steuerfrei behandelt werden, da schon auf der Rechnung auf die Steuerfreiheit hingewiesen werden muss und somit bevor das materiellrechtliche Erfordernis der Zusammenfassenden Meldung gegeben ist. Es bleibt hierbei

---

[85] *Mayr,* Umsatzsteuer-Update Februar 2019: Aktuelles auf einen Blick, SWK 2019, 347.

[86] *Huber/Lacha,* VWT 2019, 180.

[87] *Tratlehner,* Die „Quick Fixes“ der Europäischen Kommission – Teil 2, SWK 2019, 415.

auch offen, ob die Steuerbefreiung bei einer vorerst falschen Zusammenfassenden Meldung nach einer etwaigen Berichtigung gelten gemacht werden kann, sofern der Lieferant sein Versäumnis bzw die Fehler zur Zufriedenheit der zuständigen Behörde begründen konnte.[88]

### 4.2.3. Änderung der Nachweispflichten

Die letzte Änderung für die innergemeinschaftliche Lieferung findet sich nicht in der MwStSyt-RL, sondern in der DVO 282/2011[89], welche um den Art 45a ergänzt wird. Dieser Artikel trifft zukünftig Regelungen betreffend der zum Belegnachweis gültigen Dokumente, mit welchem Steuerpflichtige dokumentieren müssen, dass Waren tatsächlich ins übrige Gemeinschaftsgebiet gelangt sind.[90]

Bis jetzt wurde dies jeweils innerstaatlich durch Verordnungen geregelt, in Österreich ist dies die VO 401/1996[91]. Hier wurden bestimmte Belege vorausgesetzt, um die Steuerbefreiung geltend machen zu können.[92]

Dieser neue Artikel normiert dabei Voraussetzungen, bei deren Vorliegen vermutet werden kann, dass der Liefergegenstand in

---

[88] *Becker,* Die sog. Quick Fixes kommen – ab 1.1.2020 unabhängig vom zertifizierten Steuerpflichtigen.

[89] DVO Nr. 282/2011 des Rates vom 15. März 2011 zur Festlegung von Durchführungsvorschriften zur Richtlinie 2006/112/EG über das gemeinsame Mehrwertsteuersystem

[90] *Tratlehner,* SWK 2019, 415.

[91] Verordnung des BMF über den Nachweis der Beförderung oder Versendung und den Buchnachweis bei innergemeinschaftlichen Lieferungen BGBl. II Nr. 401/1996 idF BGBl. II Nr. 172/2010.

[92] *Tratlehner,* SWK 2019, 415.

den Bestimmungsmitgliedstaat versandt oder befördert wurde. Es soll zukünftig der Lieferant über mindestens zwei einander nicht widersprechende Belege verfügen, welche von vom Verkäufer und Erwerber unabhängigen dritten Parteien ausgestellt wurden. In Abholfällen muss der Verkäufer über eine schriftliche Erklärung des Erwerbers verfügen, in welcher hervorgeht, dass der Gegenstand vom Erwerber oder zumindest auf Rechnung des Erwerbers von einem Dritten versandt oder befördert wurden und aus welcher der Bestimmungsmitgliedstaat hervorgeht.[93]

Der Art 45a MwSt-DVO führt eine abschließende Aufzählung von Belegnachweisen an (wie zB unterzeichneter CMR-Frachtbrief, Konnossement und Rechnung des Spediteurs) aufgrund derer sich der Warentransport vermuten lässt.[94]

Auch neue Belegnachweise werden hierbei erwähnt wie zB eine Versicherungspolizze oder eine notarielle Bestätigung der Ankunft der Waren im Bestimmungsland. Diese Vermutung kann jedoch von den Finanzbehörden widerlegt werden und ist somit keine Garantie für die Steuerbefreiung.[95]

Durch diesen Art 45a MwSt-DVO werden zukünftig für Versendungsfälle und Abholfälle verschieden Varianten an Konstellationen von miteinander kombinierbaren Dokumenten gelten. In Versendungsfällen lassen sich zwei Fallvarianten

---

[93] *Mayr,* Umsatzsteuer-Update März 2019, Änderung der Durchführungsverordnung zur MwStSyst-RL: Nachweis einer innergemeinschaftlichen Lieferung, SWK 2019, 472.
[94] *Tratlehner*, SWK 2019, 415.
[95] *Tratlehner*, SWK 2019, 415.

herausgliedern. In Variante eins muss der Unternehmer mindestens zwei einander nicht widersprechende Nachweise, die von zwei verschiedenen Parteien ausgestellt wurden, besitzen. Die Parteien müssen voneinander, vom Verkäufer und vom Erwerber unabhängig sein. Derartige Nachweise für diese Konstellation sind zB Unterlagen zum Versand oder zur Beförderung der Gegenstände wie etwa ein unterzeichneter CMR-Frachtbrief, ein Konnossement, eine Luftfracht-Rechnung oder eine Rechnung des Beförderers der Gegenstände. Diese Aufzählung findet sich im Art 45a Abs 3 DVO.[96]

In der zweiten Konstellation besitzt der Unternehmer nur einen der oben genannten Nachweise und zusätzlich einen nicht widersprechenden Nachweis nach Art 45a Abs 3 lit b DVO, wie eine Versicherungspolizze für den Transport der Waren oder Bankunterlagen zum Beleg der Zahlung. Auch gültig wäre ein von einer öffentlichen Stelle, wie zB von einem Notar, ausgestelltes offizielles Dokument, welches die Ankunft der Gegenstände im Bestimmungsmitgliedstaat bestätigt. Eine weitere Möglichkeit wäre eine von einem Lagerinhaber im Bestimmungsmitgliedsstaat ausgestellte Lagerungsbestätigung. [97]

Hierbei gilt es zu bedenken, dass die Dokumente in Variante zwei wie die notarielle Bestätigung eher unpraktikabel sind und

[96] *Mayr*, SWK 2019, 472.
[97] *Mayr*, SWK 2019, 472.

durchaus mit einem höheren Aufwand für den liefernden Unternehmer verbunden sind. Darüber hinaus könnte die Umsetzung der vorliegenden Neuregelungen besonders bei Beförderungen schwierig werden. Sollte beispielsweise der liefernde Unternehmer mit einem eigenen LKW die Waren transportieren, so wird es beinahe unmöglich sein, zwei Belege von zwei verschiedenen Parteien, welche vom Verkäufer und Erwerber unabhängig sein müssen, vorzulegen.[98]
Die dritte denkbare Möglichkeit wäre eine Abholung durch den Erwerber. Hierbei bedarf es gem Art 45a Abs 1 lit b DVO, neben den oben genannten Nachweisen, einer schriftlichen Erklärung des Erwerbers, in welcher er bestätigt die Waren in das übrige Gemeinschaftsgebiet zu transportieren. Eine solche Erklärung muss den Bestimmungsort, das Ausstellungsdatum, den Namen und die Anschrift des Erwerbers und das Ankunftsdatum und den Ankunftsort der Gegenstände beinhalten. Darüber hinaus ist bei einer Lieferung von Fahrzeugen die Identifikationsnummer des Fahrzeuges notwendig und sollte eine vom Erwerber fremde Person die Waren abholen, so ist die Identifikation der Person, welche die Gegenstände auf Rechnung des Erwerbers entgegennimmt, auf der Erklärung festzuhalten.[99]

[98] *Huber/Lacha*, VWT 2019, 180.
[99] *Mayr*, SWK 2019, 472.

## 4.3. Spannungsverhältnis zur nationalen VO 401/1996

Der neue Art 45a MwSt-DVO, welcher die Nachweispflichten zukünftig für den gesamten Binnenmarkt regelt, steht in einem Spannungsverhältnis zur innerstaatlichen VO 401/1996, welche österreichweit die Nachweise für die innergemeinschaftliche Lieferung regelt. Die DVO schreibt, anders als die österreichische VO 401/1996, keine speziellen Nachweise direkt vor, sondern vermutet die Warenbewegung, wenn bestimmte Dokumente vorhanden sind. Sobald zukünftig die Vermutung des Art 45a MwSt-DVO greift, wird es hinsichtlich der Warenbewegung aufgrund des Anwendungsvorrangs der DVO nicht mehr darauf ankommen, ob auch die Voraussetzungen der VO 401/1996 erfüllt sind.[100] Im Umkehrschluss bedeutet dies jedoch nicht, dass, wenn ein Unternehmer nicht die notwendigen Unterlagen für die Vermutung der DVO besitzt, jedenfalls die Voraussetzungen für die Steuerbefreiung nicht gegeben sind.[101] Der von den Höchstgerichten in ständiger Rechtsprechung zugestandene Alternativbeweis wird weiterhin zulässig sein.[102]

[100] *Mayr*, SWK 2019, 472.
[101] *Mayr*, SWK 2019, 472.
[102] *Mayr*, SWK 2019, 472.

## 4.4. Gründe für die Veränderungen

Die Gründe für die angesprochenen Veränderungen sind vielfältig. Der Hauptgrund hierfür liegt im Ziel, ein einheitliches Mehrwertsteuersystem innerhalb der EU zu schaffen. Das Mehrwertsteuersystem, und somit auch die innergemeinschaftliche Lieferung, soll für die Unternehmer einfacher anzuwenden sein.[103] Darüber hinaus soll mit den Änderungen das steigende Betrugsrisiko bekämpft werden und Steuerhinterziehungen und Karusellbetrugskonstellationen vermieden werden. Die Steuerbefreiung für die innergemeinschaftliche Lieferung dient besonders Karussellbetrügern als Mittel, Umsatzsteuer zu hinterziehen. Diese Art des Betruges stellt einen wesentlichen Bestandteil der Mehrwertsteuerlücke dar und dies gilt es zukünftig zu vermeiden bzw zu minimieren.[104] Weiters soll das Mehrwertsteuersystem effizienter werden, die Kosten für die Steuererhebung mit Hilfe neuer digitaler Technologien verringert werden und alles in allem soll mehr Vertrauen zwischen den Unternehmen und den Steuerverwaltungen gebildet werden.[105]

[103] *Becker,* Die sog. Quick Fixes kommen – ab 1.1.2020 unabhängig vom zertifizierten Steuerpflichtigen.
[104] *Becker,* Die sog. Quick Fixes kommen – ab 1.1.2020 unabhängig vom zertifizierten Steuerpflichtigen.
[105] *Tumpel/Weinzierl,* Aktionsprogramm der EU für die Mehrwertsteuer, RdW 2018/560.

## 5. Umsetzung der Änderungen in Österreich

Da es sich bei den Änderungen der UID-Nummer und der Zusammenfassenden Meldung hin zu materiellrechtlichen Voraussetzungen für die Steuerbefreiung bei innergemeinschaftlichen Lieferungen um eine Änderung in der MwStSyst-RL handelt, muss diese in österreichisches Recht umgesetzt werden, um Geltung zu erlangen. Im Vergleich dazu haben die Änderungen betreffend die Belegnachweise in Art 45a DVO Verordnungscharakter und sind somit ab Inkrafttreten unmittelbar gültig und anwendbar, weshalb diese Änderungen keine Umsetzung in österreichisches Recht bedürfen.

Aus diesem Grunde wurde für die Umsetzung der Änderungen ein Initiativantrag am 03. Juli 2019 durch die Abgeordneten August Wöginger, MMag. DDr. Hubert Fuchs, Karlheinz Kopf und Hermann Brückl, MA eingebracht. Die Änderungen betreffend die UID-Nummer und die zusammenfassende Meldung sind dort in den neuen Ziffern 4 und 5 in Art 7 Abs 1 Umsatzsteuergesetz zu finden.[106]

Diese Änderungen wurden dann am 19. September 2019 im Nationalrat beschlossen und sind ab 1.1.2020 gültig.[107]

---

[106] Steuerreformgesetz 2020 – StRefG 2020 (984/A).

[107] Steuerreformgesetz 2020 – StRefG 2020 (227/BNR).

## 6. Auswirkungen der „Quick Fixes“ auf bisherige EuGH-Rechtsprechung

Bislang war die EuGH-Rechtsprechung zu umsatzsteuerlichen Themen sehr tatsachenbezogen und der EuGH bezog sich in seiner Urteilsfindung immer wieder auf objektive Beweislagen, wodurch formale Voraussetzungen die Steuerfreiheit einer innergemeinschaftlichen Lieferung nicht in Frage stellen konnten, sofern die materiellrechtlichen Voraussetzungen erfüllt waren.[108] Grundsätzlich ist die Rechtsprechung des EuGHs für die Auslegung von Richtlinien und Verordnungen besonders wichtig, auch im Hinblick auf die Regelungen für die innergemeinschaftliche Lieferung. Jedoch werden einige Urteile zukünftig durch die Änderungen der Kommission in den „Quick Fixes“ an Bedeutung verlieren und sogar obsolet werden. Bei derartigen Änderungen wird die Europäische Kommission sozusagen als Korrektiv zum EuGH tätig.[109]

Bislang legte der EuGH in seinen Urteilen einen Weg hin dazu, dass Formerfordernisse wenig bis keine Bedeutung haben, solange der Steuertatbestand faktisch erfüllt ist. Beispielsweise durfte selbst die Löschung der UID-Nummer des Empfängers einer innergemeinschaftlichen Lieferung nicht zur Versagung der

[108] EuGH 6.9.2012, C-273/11, *Mecsek-Gabona*.
[109] *Platzer/Schmidthaler*, VWT 2019, 251.

Steuerfreiheit führen, wenn der faktische Liefertatbestand erfüllt ist.[110]

Durch die „Quick Fixes“ werden zukünftig, wie oben erwähnt, gewisse, bislang formale Voraussetzungen für die innergemeinschaftliche Lieferung hin zu materiellrechtlichen Voraussetzungen aufgewertet. Deshalb kann zukünftig die Steuerfreiheit einer innergemeinschaftlichen Lieferung mangels Vorliegens einer gültigen UID-Nummer versagt werden, was bisher durch die Rechtsprechung des EuGHs ausgeschlossen war.[111]

## 7. Conclusio

Zusammenfassend ist zu sagen, dass die Änderungen für die Steuerbefreiung der innergemeinschaftlichen Lieferung für die Unternehmer zu einer Verschärfung der Voraussetzungen führen. Die Aufzeichnung einer gültigen UID-Nummer des Abnehmers sowie die zutreffende Abgabe einer Zusammenfassenden Meldung über diese Lieferung werden zukünftig von formellen Kriterien hin zu materiellrechtlichen Kriterien aufgewertet. Es ist somit ab Geltung der Neuregelung nicht mehr möglich, die Steuerbefreiung unter Umständen auch dann geltend zu machen, wenn der Abnehmer dem Lieferanten keine gültige UID-Nummer

---

[110] EuGH 6.9.2012, C-273/11, *Mecsek-Gabona*, Rn 65.
[111] *Platzer/Schmidthaler*, VWT 2019, 251.

mitgeteilt hat. Der Lieferant muss sich also genau über die Gültigkeit der UID-Nummer des Erwerbers über das Bestätigungsverfahren informieren. Die Anknüpfung der Steuerbefreiung an formelle Voraussetzungen stellt dabei eine Abkehr von ständiger EuGH-Rechtsprechung[112] dar.
Des Weitern greift nun zukünftig die Vermutungsregel des neuen Art 45a MwSt-DVO durch die, bei Vorliegen bestimmter Kombinationen von bestimmten Dokumenten, von den Finanzbehörden widerlegbar vermutet wird, dass der Gegenstand in das übrige Gemeinschaftsgebiet versandt oder transportiert wurde.
Auch wenn somit auf den ersten Blick die Neuregelungen für die innergemeinschaftliche Lieferung eine Verschärfung für die Praxis bringen, so gilt es dabei jedoch zu bedenken, dass teilweise die besagten neuen Voraussetzungen bereits bisher seitens der nationalen Finanzbehörden verlangt wurden, sodass sich dadurch zumindest faktisch in der Praxis nicht allzu wesentliche Änderungen der laufenden Abwicklung ergeben sollten.[113]

[112] EuGH 20.10.2016, C-24/15, *Josef Plöckl,* EuGH 9.2.2017, C-21/17, *Euro Tyre Holding BV,* EuGH 19.4.2018, C-580/16, *Hans Bühler KG.*
[113] *Tratlehner*, SWK 2019, 415.

# 8. Quellenverzeichnis

## 8.1. Bücher

*Doralt/Ruppe,* Grundriss des österreichischen Steuerrechts Band II[7] (2014).

## 8.2. Kommentare

*Berger/Wakounig* in *Berger/Bürgler/Kanduth-Kristen/Wakounig,* USTG-ON[3.00] (Stand 1.5.2018).

*Hinterleitner/Gepperth* in *Berger/Bürgler/Kanduth-Kristen/Wakounig,* USTG-ON[3.00] Art 7 BMR (Stand 1.5.2018).

*Pernegger/Doralt,* UStG RL-Kommentar[16] (2019).

*Ruppe/Achatz,* UStG[5] (2007).

## 8.3. Zeitschriften

*Becker,* Die sog. Quick Fixes kommen – ab 1.1.2020 unabhängig vom zertifizierten Steuerpflichtigen.

*Füllsack,* Klarstellung des EuGH zum Vorsteuerabzug bei Umsatzsteuerkarussellen Anmerkung zum Urteil vom 12. 1. 2006, DStR 2006, 456.

*Huber/Lacha,* Die EU Quick Fixes – Neuerungen im Mehrwertsteuersystem, VWT 2019, 180.

Innergemeinschaftlicher Erwerb, UStaktuell 2016 H 141, 3.

*Loy,* Umsatzsteuerbetrug im innergemeinschaftlichen Erwerb: Konzept eines Blockchain-basierten Lösungsansatzes DStR 2018, 1097.

*Mayr,* Umsatzsteuer-Update Februar 2019: Aktuelles auf einen Blick, SWK 2019, 347.

*Mayr*, Umsatzsteuer-Update März 2019, Änderung der Durchführungsverordnung zur MwStSyst-RL: Nachweis einer innergemeinschaftlichen Lieferung, SWK 2019, 472.

*Melhardt*, EU:Richtlinien Vorschlag der Kommission zur Vereinfachung bestimmter Regelungen des MWSt-Systems, ÖStZ 2018/139, 76.

*Melhardt,* EU: ECOFIN-Rat beschließt zahlreiche MWSt-Regelungen, ÖStZ 2018/784, 624.

*Neugebauer*, Wirkungen reduzierter Mehrwertsteuersätze auf nationale Steuerstrukturen im europäischen Kontext unter Berücksichtigung der Abgrenzungs- und Erhebungsproblematik, 2010, 167 f.

*Platzer/Schmidthaler,* VWT 2019, 251.

*Tratlehner,* Die „Quick Fixes" der Europäischen Kommission – Teil 2, SWK 8/2019, 415.

*Tumpel*, Verschärfung der Voraussetzungen für die Befreiung innergemeinschaftlicher Lieferungen, SWK 33/2017, 1369.

*Tumpel/Weinzierl,* Aktionsprogramm der EU für die Mehrwertsteuer, RdW 2018/560.

## 8.4. Rechtsprechung

VwGH 2.9.2009, 2005/15/0031.

VwGH 20.12.2012, 2009/15/0146

VwGH 19.12.2013, 2012/15/0006

VwGH 27.4.2017, Ro 2015/15/0026.

VwGH 21.11.2017, Ra 2017/16/0037.

EuGH 27.9.2007, RS C-409/04, *Teleos plc. ua.*

EuGH 27.09.2007, C-146/05, *Albert Collée.*

EuGH 6.9. 2012, C-273/11, *Mecsek-Gabona.*

EuGH 18.12.2014, RS C-131/13, *Schoenimport „Italmoda" Mariano Previti vof.*

EuGH 20.10.2016, C-24/15, *Josef Plöckl.*

EuGH 9.2.2017, C-21/17, *Euro Tyre Holding BV.*

EuGH 14.06.2017, C-26/16, *Santogal.*

EuGH 19.4.2018, C-580/16, *Hans Bühler KG.*

## 8.5. BMF-Richtlinien

Verordnung des BMF über den Nachweis der Beförderung oder Versendung und den Buchnachweis bei innergemeinschaftlichen Lieferungen BGBl. II Nr. 401/1996 idF BGBl. II Nr. 172/2010.

BMF 16.11.2018, BMF-010219/0221-IV/4/2018, UStR 2000.

## 8.6. Rechtsnormenverzeichnis

Umsatzsteuergesetz 1994, BGBl. Nr. 663/1994 idF BGBl. Nr. 201/1996.

Richtlinie 2006/112/EG des Rates vom 28. November 2006 über das gemeinsame Mehrwertsteuersystem (MwStSyst-RL).

Verordnung (EU) Nr. 904/210 des Rates vom 7. Oktober 2010 über die Zusammenarbeit der Verwaltungsbehörden und die Betrugsbekämpfung auf dem Gebiet der Mehrwertsteuer.

FinanzOnline-Erklärungsverordnung BGBl. II Nr. 512/2006 idF BGBl. II Nr. 83/2018.

Richtline des Rates zur Änderung der Richtlinie 2006/112/EG in Bezug auf die Harmonisierung und Vereinfachung des Mehrwertsteuersystems und zur Einführung des engdültigen Systems der Besteuerung des Handels zwischen Mitgliedstaten, COM(2017) 569 final.

DVO Nr. 282/2011 des Rates vom 15. März 2011 zur Festlegung von Durchführungsvorschriften zur Richtlinie 2006/112/EG über das gemeinsame Mehrwertsteuersystem.

VAT Committee: taxud.c.1(2019)3533969 vom 15. Mai 2019.

FSC
www.fsc.org
MIX
Papier | Fördert
gute Waldnutzung
FSC® C083411

Kolibri 360 GmbH
Ferdinand-Jühlke-Straße 7
99095 Erfurt, Deutschland
produktsicherheit@kolibri360.de

Druck:
CPI Druckdienstleistungen GmbH
im Auftrag der
Kolibri 360 GmbH
Ferdinand-Jühlke-Str. 7
99095 Erfurt